NOTICE

SUR

M. L'ABBÉ DUBOIS

CHANOINE
Vicaire-Général du diocèse du Mans

Par M. l'abbé F. PICHON
Chanoine honoraire, Secrétaire de l'Évêché

LE MANS

IMPRIMERIE LEGUICHEUX-GALLIENNE

15, rue Marchande, et rue Bourgeoise, 16.

—

1875

NOTICE

SUR

M. L'ABBÉ DUBOIS

CHANOINE
Vicaire-Général du diocése du Mans

Par M. l'abbé F. PICHON

Chanoine honoraire, Secrétaire de l'Évêché

LE MANS

IMPRIMERIE LEGUICHEUX-GALLIENNE

15, rue Marchande, et rue Bourgeoise, 16.

—

1875

NOTICE

SUR

M. L'ABBÉ DUBOIS

CHANOINE, VICAIRE-GÉNÉRAL DU DIOCÈSE DU MANS

L'Eglise du Mans vient de perdre un de ses membres les plus recommandables. M. l'abbé Dubois chanoine titulaire depuis 51 ans, successivement vicaire général de Nos Seigneurs les évêques de la Myre, Carron, Bouvier, Fillion et d'Outremont, a succombé le vendredi 16 décembre 1875, après une courte maladie

I

M. Pierre-Antoine Dubois, naquit à Douillet le 9 mai 1797, d'une famille honorable et chrétienne (1). Il fit ses premières études au collége de Fresnay. Il aimait à raconter une de ses espiégleries de

---

(1) Une de ses sœurs, religieuse de la Congrégation d'Évron, longtemps supérieure de l'hospice de Mamers, est morte à Évron à la fin de l'année 1874.

jeunesse, commise pendant qu'il était dans cette maison. Le jour de la Pentecôte, 1er juin 1811, il avait échappé avec un de ses camarades à la surveillance de ses maîtres pour s'en aller à pied voir l'Empereur Napoléon Ier qui passait à Alençon. Toute la France était encore dans l'enthousiasme des premiers services rendus par l'Empereur, et de ses étonnants succès militaires qui s'étaient terminés par la paix avec l'Autriche et son mariage avec l'archiduchesse Marie-Louise. Il n'est donc pas étonnant que des enfants se soient laissé aller à braver des fatigues, de justes réprimandes et des châtiments mérités pour jouir de la vue de celui qui faisait trembler le monde. Malheureusement l'Empire, encore si florissant, portait dans son sein un germe de mort. Il s'était fait le persécuteur de l'Église; et nos jeunes élèves, échappés du collége de Fresnay, auraient pu, à Alençon, être témoins de l'émotion produite par les paroles outrageantes de l'Empereur contre le vénérable Mgr de Boischollet, évêque de Séez, qui, à la suite de cette visite, fut chassé de son siége (1).

M. Dubois, qui se destinait à l'état ecclésiastique, vint terminer ses études classiques au collége du Mans. C'est dans cette même maison qu'il étudia la philosophie sous la direction du P. Petitdidier, membre distingué de l'ancienne congrégation de l'Oratoire. Après l'achèvement de ses études théologiques, il fut ordonné prêtre à la fin de l'année 1819, au moment où Mgr de Pidoll terminait son long épiscopat.

II

Mgr de la Myre prit possession du siége du Mans le 20 mai 1820. Quelques jours après, le 7 juin, il nomma M. l'abbé Dubois, vicaire de la paroisse de Saint-Benoît au Mans. L'intelligence et la distinction des manières du jeune vicaire, l'empressement qu'il mon-

(1) *Vie et exil de NN. SS. Du Plessis d'Argentré et de Chevigné de Boischollet, évéques de Séez*, par M. l'abbé Rombault. Séez, 1875.

trait à rendre service, soit au vénérable chapelain de l'hospice, soit à M. l'abbé Fouassier, secrétaire de l'évêché, lui méritèrent la confiance et la protection de plusieurs ecclésiastiques influents. M. Duperrier, vicaire général du Mans, depuis plusieurs années nommé à l'évêché de Tulle, l'honorait spécialement de son amitié.

Il n'est donc pas étonnant que Mgr de la Myre choisit pour son secrétaire particulier M. l'abbé Dubois, qu'il connaissait depuis son arrivée au Mans, quand il fut obligé de remplacer M. l'abbé Lefaucheux, qui suivit à Bayeux Mgr Duperrier, nommé à ce siége en 1822.

Dans l'oraison funèbre du R. P. Guéranger, qui succéda à M. Dubois dans les mêmes fonctions de secrétaire particulier de Mgr de la Myre, Monseigneur l'évêque de Poitiers nous a montré à quelle excellente école se trouvaient ceux qui vivaient dans l'intimité du vénérable évêque du Mans. Par son origine, et surtout par les relations qu'il avait eues pendant sa longue carrière en France et à l'étranger, Mgr de la Myre était un des plus dignes représentants de l'ancienne société française : il en avait gardé les bonnes manières et les meilleures traditions. Aussi les plus nobles familles du Maine recherchaient-elles sa société, soit pendant ses séjours au Mans et à Laval, soit dans les courses pastorales qu'il entreprenait pour la visite de son vaste diocèse. M. l'abbé Dubois se fit connaître et estimer dans ces délicates fonctions de secrétaire particulier du prélat : il se fit de nombreux amis par les services qu'il fût à même de rendre ; et bien longtemps après, les représentants des meilleures familles du diocèse étaient heureux de retrouver dans le vénérable chanoine celui qu'ils avaient connu dans leur jeunesse.

Mgr de la Myre, tout en étant exigeant et sévère pour son jeune secrétaire, lui portait une vive affection. Il le nomma chanoine honoraire en 1823. En 1824, un canonicat titulaire vint à vaquer par le décès de M. Livré (1), ami et protecteur de M. l'abbé Dubois. Mgr de

(1) M. Jacques-Joseph-Guy Livré, ancien syndic du chapitre de Saint-Pierre, chanoine honoraire de la cathédrale en 1803, avait succédé en 1811 à M. Charles-François Dorlodot, chanoine du Mans, ancien évêque constitutionnel de la Mayenne, qui se retira à Besançon auprès de l'archevêque Lecoz.

la Myre fut heureux de pourvoir de ce titre inamovible son jeune protégé, qu'à son âge déjà avancé il avait tout lieu de craindre de ne pouvoir pas garder longtemps auprès de lui, et auquel il désirait assurer dans l'avenir une position honorable.

Une grave attaque d'apoplexie ayant mis Mgr de la Myre dans l'impossibilité d'écrire, son secrétaire particulier lui devint de plus en plus nécessaire. Pour lui donner plus d'autorité, et le mettre plus au courant des affaires qu'il avait à traiter en son nom, Mgr de la Myre l'appela dans son conseil en 1826 et il lui donna des lettres de vicaire général.

M. l'abbé Dubois cessa à cette époque de remplir auprès du vénérable prélat les fonctions de secrétaire intime, mais il demeura attaché au secrétariat. M. Chardon l'aîné était depuis longtemps secrétaire de l'évêché. Simple laïque, chef de bureau à la Préfecture, il avait commencé par prêter son concours pour l'expédition des affaires administratives ; mais au commencement de l'épiscopat de Mgr de la Myre nous le voyons contre-signer tous les mandements et tous les actes épiscopaux. On jugea nécessaire de lui adjoindre un prêtre qui pût, en le soulageant, traiter les questions d'administration plus spécialement ecclésiastiques. Personne n'était plus propre que M. l'abbé Dubois à remplir ces fonctions, dont il demeura chargé plusieurs années.

A la même époque, on lui confia aussi la direction de l'œuvre naissante de la Propagation de la Foi. Dès les premiers comptes-rendus de cette œuvre, qui a pris de si heureux accroissements, nous voyons le diocèse du Mans y figurer en première ligne, pour des sommes relativement considérables et plus élevées que celles fournies par des diocèses plus importants. M. le chanoine Dubois, qui avait su dès le début donner une excellente organisation à cette œuvre, à laquelle il portait le plus vif intérêt, n'a pas cessé de la diriger jusqu'à sa mort. Nous avons l'assurance que la perte de son premier directeur dans le diocèse du Mans ne nuira pas à son extension, et qu'elle sera de plus en plus appréciée par tous les catholiques, jaloux d'étendre au loin la connaissance et l'amour de Dieu et de son Christ.

III

Après la mort de Mgr de la Myre, M. Chardon, accablé par l'âge et les fatigues d'une double administration, ne crut pas devoir continuer auprès d'un nouvel évêque les fonctions de secrétaire général de l'Évêché. M. l'abbé Dubois était tout naturellement désigné pour un titre dont il remplissait en grande partie les fonctions depuis plusieurs années. Il ne crut pas devoir accepter une charge que son esprit d'organisation, son intelligence et son amour du travail le mettaient plus que tout autre en mesure de remplir très-dignement. A son refus, on choisit pour secrétaire de l'Evêché, M. l'abbé Lottin, alors professeur d'écriture sainte au grand Séminaire. M. Dubois resta chanoine; et il ne tarda pas à recevoir des lettres de vicaire général, que Mgr Carron lui donna aussitôt après son installation dans le diocèse du Mans.

L'énergie du nouvel évêque, son âge peu avancé, son habileté dans toutes les branches de l'administration ecclésiastique, promettaient au diocèse un long et fructueux épiscopat. Il n'y resta cependant que quelques années. Attaché par toutes ses affections à la branche aînée des Bourbons, il avait vu avec une profonde douleur la révolution de 1830. Les cruelles épreuves et les incessantes tracasseries, dont cet événement fut pour lui la cause, brisèrent son existence. Il succomba en 1833.

IV

Le clergé et les fidèles du diocèse du Mans songèrent immédiatement après la mort de Mgr Carron à demander pour évêque M. Bouvier, supérieur du Séminaire, qui, par sa science théologique et la prudence de sa direction dans les circonstances les plus difficiles, était devenu le guide et le conseil de tous les prêtres du diocèse. M. l'abbé Dubois était très-lié avec M. Bouvier, auquel il avait été associé comme vicaire général pendant l'administration de Nos Seigneurs de la Myre et Carron. Par ses relations avec plusieurs familles influentes, et surtout avec M. Pasquier, président de la Chambre des Pairs, il contribua efficacement à vaincre une certaine opposition du pouvoir civil, et il put s'applaudir de voir, en 1834, nommer à l'évêché du Mans un prélat qui en demeurera à jamais l'honneur.

M. l'abbé Dubois resta toujours très-attaché à Mgr Bouvier. La seule distraction que ce dernier se permettait dans ses journées d'hiver, commencées dès quatre heures et demie du matin, et consacrées exclusivement à la prière, aux études les plus sérieuses ou à l'administration de son diocèse, était une partie de trictrac qu'il aimait à faire après son diner. M. l'abbé Dubois était son compagnon de jeu préféré. Presque tous les soirs, ils se réunissaient pour prendre ensemble une heure de récréation, jusqu'au moment où la prière en commun réunissait à la chapelle tous ceux qui demeuraient à l'Evêché.

En 1838, M. le chanoine Dubois reçut de Mgr Bouvier des lettres de vicaire général honoraire ; et depuis cette époque il n'a cessé d'être un des membres les plus actifs et les plus dévoués de l'administration épiscopale. Bien souvent il fut chargé de négociations difficiles auprès de l'autorité civile, ou d'enquêtes à faire dans le diocèse. Dans toutes ces circonstances il montra un heureux mélange d'énergie et de condescendance. Sans négliger les droits de la vérité ni les règ'es d'une bonne et juste administration, il était toujours désireux de sauvegarder l'honneur et les intérêts d'ecclésiastiques, souvent en but à des attaques passionnées.

Depuis la fin de la Restauration, l'État a pris à sa charge l'entretien des édifices dits diocésains : cathédrale, séminaire, évêché, à la dépense desquels les Conseils généraux des départements devaient d'abord pourvoir. Les besoins de ces édifices diocésains sont partout bien grands ; et malgré les sacrifices qu'il s'impose, l'État ne peut faire face chaque année qu'à une partie de ces besoins les plus urgents ou les mieux recommandés. Il est donc d'une extrême importance pour chaque diocèse que l'autorité diocésaine fasse valoir avec énergie et insistance les besoins de ces monuments, et que ces réclamations soient renouvelées souvent auprès du Ministère des Cultes. Pendant tout l'épiscopat de Mgr Bouvier, M. le chanoine Dubois fut chargé de cette mission importante, et il fit pour cela de nombreux voyages à Paris. Le diocèse lui doit en grande partie les travaux considérables exécutés à cette époque à la Cathédrale, au Séminaire et à l'Évêché. Il serait trop long d'entrer dans le détail de ces travaux. Nous pouvons signaler cependant le complet dégagement de la Cathédrale et l'acquisition de l'ancien évêché, où se trouve installée la Psallette ; au Séminaire, la construction d'une aile acheva le magnifique monument commencé par les Bénédictins. Enfin, c'est grâce aux incessantes démarches de M. le chanoine Dubois que l'évêché commencé en 1840 put s'achever en 1848.

Un relevé a été fait de toutes les sommes obtenues de l'État par les soins et les démarches de M. le chanoine Dubois : le total dépasse un million.

Le 16 août 1854, M. Dubois fut nommé chevalier de la Légion d'honneur. A la même époque, M. le baron Pron, préfet de la Sarthe, le nomma administrateur de l'hospice du Mans, sur la proposition de M. Chalot-Pasquier, maire du Mans, et des autres administrateurs de cet hospice.

V

Mgr Bouvier mourut à Rome le 29 décembre 1854. La question si grave de l'érection d'un nouvel évêché à Laval amena une longue vacance du siége épiscopal du Mans. Pendant ce temps bien des noms furent mis en avant pour remplacer Mgr Bouvier. M. le baron Pron, préfet de la Sarthe, pensa que personne n'avait plus de titres que M. l'abbé Dubois, chanoine titulaire depuis trente ans, vicaire général des trois derniers évêques du Mans. Ses instances auprès de l'Empereur demeurèrent cependant sans résultat ; et en 1855, Mgr Nanquette fut nommé à l'évêché du Mans.

Le nouveau prélat conserva pendant quelque temps dans son Conseil les anciens vicaires généraux de Mgr Bouvier. Une nouvelle organisation de l'administration diocésaine ayant eu pour résultat de lui rendre toute sa liberté, M. le chanoine Dubois en profita pour s'occuper exclusivement de ses fonctions d'administrateur de l'hospice du Mans et de tuteur des enfants trouvés.

VI

Les enfants déposés à l'hospice y sont gardés quelques jours jusqu'à ce qu'on ait pu leur procurer des nourrices. Le local où ils sont ainsi reçus provisoirement s'appelle la Crèche. M. le chanoine Dubois s'efforça d'améliorer ce premier asile des pauvres enfants dont il avait pris soin : il le rendit sain et commode ; un certain luxe présida même à ses aménagements. Qui pourrait se plaindre que dans la Maison-Dieu on traitât trop bien les innocentes victimes des passions humaines ou de la pauvreté, lesquelles abandonnées de ceux qui leur ont donné le jour n'ont d'autre protecteur que la charité chrétienne (1)?

Les enfants trouvés sont mis en nourrice aussitôt qu'on peut le faire. M. Dubois veillait avec le plus grand soin à ce qu'on ne remit les enfants qu'à des personnes vraiment dignes de confiance. Son industrieuse charité se défiait avec raison des certificats trop facilement accordés ; et elle trouvait moyen d'exercer un contrôle pour juger de la valeur de ceux qu'on lui présentait. Des inspecteurs de l'hospice sont chargés de visiter les enfants chez leurs nourriciers. Mais M. Dubois tenait à les voir par lui-même, et à s'assurer si toutes les conditions imposées à ceux qui se chargeaient de ses enfants étaient exactement remplies.

---

(1) M. l'abbé Dubois se faisait un grand plaisir de montrer la Crèche. En mourant, il a légué un capital dont la rente servira à offrir quelque récompense à celles des filles de l'hôpital qui, employées à l'œuvre de la Crèche, auront montré plus de dévouement dans leurs soins.

Grâce à cette surveillance et à ces soins si multipliés, la mortalité qui frappe si cruellement, presque partout, les enfants mis en nourrice, était bien moindre dans la Sarthe que partout ailleurs : 9 pour 0[0 succombent dans ce premier âge, ce qui est à peu près la proportion des familles ordinaires.

Quand ils sont arrivé à un âge plus avancé, les enfants de l'hospice du Mans doivent aller à l'école primaire et fréquenter les catéchismes de préparation à la première communion. Ces règles excellentes auraient été bien vaines si une surveillance incessante n'avait assuré leur exécution ; et pendant vingt ans M. Dubois n'a cessé de l'encourager et de l'exercer par lui-même.

Une organisation qui lui fait plus d'honneur encore est celle qu'il a su donner aux enfants trouvés de l'un et de l'autre sexe sortis de chez leurs premiers nourriciers. A une époque où de toutes parts s'élèvent des plaintes sur la pénurie des bras employés aux travaux de l'agriculture, il jugea qu'il y avait dans les enfants trouvés une ressource précieuse. D'accord avec les autres administrateurs de l'hospice, M. l'abbé Dubois s'imposa pour règle de n'accorder aucun de ses pupilles comme domestiques des maisons bourgeoises, bonnes d'enfants ou femmes de chambre. Tous furent placés chez des fermiers pour être employés aux travaux des champs. Les plus faibles seulement, et par exception, furent appliqués à des arts manuels.

Il veillait d'ailleurs avec le plus grand soin à leurs intérêts, exigeant que les maîtres qui les demandaient comme domestiques les traitassent bien (1) et leur payassent des gages en rapport avec leur capacité et leurs aptitudes. De 5,090 fr. ces gages s'élevèrent promptement à plus de 50,000 fr., et ils vont chaque anuée en progressant.

---

(1) Avant lui, les gens de la campagne, auxquels ils étaient confiés, croyaient avoir accompli leurs devoirs envers ces pauvres délaissés en leur donnant un morceau de pain noir, une paire de sabots et une place sur la litière de leurs étables. Aujourd'hui ces mêmes enfants sont élevés au rang des serviteurs les plus recherchés, les plus laborieux et les plus probes. (*Sarthe*, du 20 décembre 1875.)

Tous ces détails sont tirés du mémoire si plein d'intérêt publié par MM. les Administrateurs de l'hospice du Mans en 1862, et dont M. l'abbé Dubois est l'auteur. Ils montrent avec quelle sagesse il a su organiser cette œuvre des enfants trouvés, qui, dans la Sarthe, compte près de 800 enfants de 12 à 21 ans.

A mesure qu'ils grandissent et que leurs gages sont plus que suffisants pour leur entretien, l'hospice leur impose, sous forme de retenues, des économies qui sont déposées à la Caisse d'épargne. Dans une seule année 220 garçons placèrent à la Caisse d'épargne 7,739 fr. et 207 filles firent un dépôt de 4,565 fr. Chaque enfant a son livret qui lui sera remis au moment de sa majorité, et qui sera pour lui un encouragement et une ressource bien précieuse au moment où il se trouvera livré à lui-même.

Telle est l'organisation des enfants trouvés dans la Sarthe. A plusieurs reprises le Conseil général constata les heureux effets, qu'elle produisait (1); et plusieurs Conseils généraux envoyèrent au Mans pour l'examiner et tenter dans leurs départements une organisation semblable. Dans les dernières années de l'Empire, quand le Corps législatif s'occupa de la question si difficile et si importante des enfants trouvés, beaucoup d'excellents esprits recommandèrent l'adoption de ce qui se faisait dans la Sarthe comme le moyen le plus facile et le plus pratique de résoudre un problème si délicat.

VII

Par un privilége bien rare de nos jours, M. le chanoine Dubois avait pu fêter le cinquantième anniversaire de sa promotion à un canonicat titulaire. Depuis plusieurs années déjà il était le doyen des

(1) Le service des enfants assistés est toujours, par l'excellence de son fonctionnement, une des œuvres qui font le plus d'honneur au département de la Sarthe. Cette institution répond pleinement aux besoins matériels et moraux placés sous sa sauvegarde. (Rapport au Conseil général en 1871.)

chanoines et probablement aussi des vicaires généraux. Mgr d'Outremont, à son arrivée au Mans, lui avait continué la confiance et les
lettres de vicaire-général accordées par ses prédécesseurs ; et en
toute circonstance il se plaisait à faire l'éloge de son vénérable
doyen, le remerciant des renseignements que sa longue expérience
des hommes et des choses dans le diocèse du Mans le mettaient à
même de donner.

Malgré quelques atteintes de la vieillesse, ses nombreux amis
espéraient le conserver encore longtemps. Une indisposition, légère
tout d'abord, prit bientôt des caractères alarmants. M. l'abbé Dubois
a eu la consolation de recevoir les derniers Sacrements de la sainte
Eglise dans la plénitude de sa connaissance, entouré de ses vénérables
confrères les chanoines de la cathédrale du Mans. Il a terminé sa vie
dans les sentiments les plus consolants de confiance en la miséricorde
de Dieu.

Bienfaiteur pendant sa vie du Séminaire et de l'Hospice du Mans,
il a voulu en mourant, mettre, par de nouvelles libéralités, ce dernier
établissement en mesure de continuer les œuvres charitables qu'il
avait si sagement dirigées pendant qu'il en était lui-même l'administrateur. *Beatus qui intelligit super egenum et pauperem : in die
mala liberabit eum Dominus.*

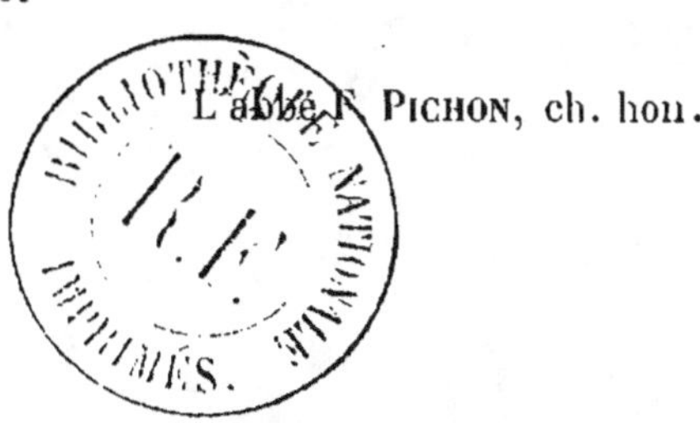

L'abbé F. PICHON, ch. hon.

Le Mans. — Impr. A. LEGUICHEUX GALLIENNE.